Fit Lik Yer Majesty?

A book of Doric Poems
compiled by The Reading Bus
with illustrations by Bob Dewar

Edited by Sheena Blackhall, Bill Burnett and Les Wheeler

Published in the United Kingdom in 2008 by

Reading Bus Press
Reading Bus Depot, Kittybrewster School, Great Northern Road, Aberdeen AB24 3QG

www.readingbus.co.uk

Edited by Sheena Blackhall, Bill Burnett and Les Wheeler

Designed by Julie Barclay
Co-ordinated by Moira MacIver, CST Reading Bus and Jenny Watson, Reading Bus Co-ordinator with support from Matthew Fitt
Printed by Scotprint, Haddington, Scotland

A catalogue record for this book is available from the British Library

The Check-out Quine's Lament first appeared in Blethertoun Braes, edited by Matthew Fitt and James Robertson, published by Itchy Coo in 2004.

The Boodie an the Craa first appeared in Doric for Swots, published by Scottish Cultural Press in 1997.

Definition of Doric
Aberdeen University's Elphinstone Kist is a resource dedicated to the preservation and promotion of the Doric. The publishers of this anthology wish to be identified with the Kist's definition of the Doric ie "the distinctive Scots of the North-East affectionately known as the Doric."

Contents

Foreword

As an MSP for North East Scotland and Minister for Schools and Skills, I welcome the opportunity to write the foreword for this book. Along with the editorial committee, I see this publication as fulfilling several purposes.

First and foremost, we hope it will bring pleasure to a wide range of readers and perhaps a touch of nostalgia to the more mature among us. "Fit Like, Yer Majesty?" is a joyful celebration of the culture and linguistic heritage of North East Scotland and as such will provide a key curricular resource for 8 to 14 year olds in our schools. 25 poets aged from 14 to 92 years are represented in this volume and plans are already in place for a follow-up more appropriate to a younger age group.

This anthology will also serve to diversify the excellent work of Aberdeen City Council's Reading Bus, in this case in partnership with colleagues in Aberdeenshire and Moray Councils. The Reading Bus is a ground breaking project whose overarching aim is to raise achievement and attainment in literacy; it is only natural that its work should include a strong local strand in the form of the Doric:

I wis brocht up spikkin the Doric bit canna ivver min seein ony buiks far I could read it. So it's gran tae see this buik an tae ken that the bairns'll hae a chunce tae read it as pairt o their squeelin. It'll fit in jist fine in the Curriculum for Excellence - the bittie aboot oor ain Scots tongue. We're aafa lucky tae hae sic a rare lot o fowk writin the Doric sae weel.

When I entered Parliament in April 2006 I was proud to take the Oath in the Doric. I am also proud to be associated with "Fit Like, Yer Majesty?" and I commend it to readers and learners of all ages.

Maureen Watt

The Readin Bus

The Readin Bus is fun on wheels
It taks ye for a hurl;
It wheechs ye aff tae Story Lan
Far feys an kelpies birl!

Tak tent, that aa the pyement
As ye lippen, spikk or tell!
The marvel o the words that's screived
Will catch ye in their spell!

Sae step aboord the Readin Bus
An dinna let it pass!
The traivellers are ony age
The journey is first class.

Sheena Blackhall

The Traffic Jam

Fit's adee? Fit's adee?
This bus hisnae moved since hauf past three!
There's a taxi o quines in ballet frocks,
There's a steer o fishermen up fae the docks,
There's a pipe band marchin, twenty loons
Wi a drummer in leopard skins duntin the tunes,
There's seagulls skreichin ower the melee;
Far is the haud up? Fit's adee?

Sheena Blackhall

7

A Posh Wifie In Roseherty

An affa posh wifie in Roseherty
Got fair toshed up for a pairty;
But her gweed man she banned
Fae a function sae grand
'Cos his semmit and draars were ower clairty

Ali Christie

8

A North East Loonie Caad Mike

A North East loonie caad Mike
T'London birled doon on 'is bike
Fin the Queen passed his wye
Mike jist had t'cry
"Gweed mornin, Yer Highness! Fit like?"

Ali Christie

Craturs

"Fit's aat little cratur craalin doon the wa?"
"Aat's a naisty slater leukin for its ma.
Stump on't, trump on't afore it gets awa."

"Fit's aat unco cratur in ablo 'is steen?"
"Aat's an ugsome forkie. Ye dinna ken faar't's been.
Stump on't, trump on't; an job it wi a preen."

"Fit's aat hairy cratur fleein affa naar?"
"Aat's a bigsie bumbee. Clowt it, gin ye daar;
Stump on't, trump on't; an kep it in yir jar."

"Fit's aat muckle cratur rinnin straacht at me?"
"Aat's a rairin bul that'll fling us hich's can be,
Stump on's, trump on's an aet us till its tea!"

Douglas Kynoch

A Ghostie

A ghostie bides in oor hoose,
Or so ma brither tells mi,
It switches aff ma bedroom licht,
An maks queer noises in the nicht,
It hides ma things an moves em roon,
An trips mi up so I fa' doon,
A ghostie bides in oor hoose,
Or so ma brither tells mi.

Kathleen Craig

Each Till Their Ain

The spurgie cried fae the windae sill
T'the kitlin doon bilow:
"Foo wid ye like tae flee like me,
Ye glaikit so and so?"

The kitlin gid its heid a shak:
"Ye widna need tae flee
If ye could clim like me," it said,
"Hing on, I wint ma tea!"

The ootcome micht hae been, I fear,
Ower painful tae the lug,
Fin jist in time, aroun the neuk
Appeared a collie dug

The spurgie flew, the kitlin climmed,
The collie rolled its een;
"Each till their ain," it seemed tae say,
And chaad, a muckle been.

Bob Mitchell

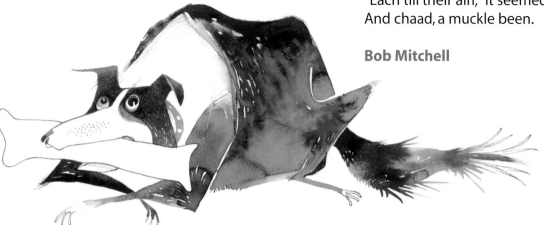

13

The Roman Sodger

I'm a Roman sodger
An I dinna like it here;
I wint awa fae Bennachie
For the Picts are efter me.

The wither is jist fool
Nae like aul Rome itsel;
Back there we hid the best o wine
But here it's heather ale!

I'm soakin stannin here on guard
My cleys is fairly drookit;
The waater is richt ower my feet
An the baith o them are sookit!

"Wir aff up tae the north,"
Oor centurion said wi pride;
"We'll show the Picts a thing or twa!"
But we've naewye left tae hide!

There's wild folk fae Insch an Oyne
Aa pintit in blue woad;
Weel I've jist hin enough o them
Sae I'm aff doon the road!

Les Wheeler

Aa Diffrint Noo

Granda, fit is hyowin neeps?
Fits leadin hame the stooks?
Fit d' the mean b' coalin hey?
I canna fin't in books

Yir richt tae speir me that, ma loon
Cis me, an' fitsizname,
Fifty 'eers ago n' mair
It's fit we did at hame

Bob Mitchell

Foo Mony Hoolets?

Foo mony hoolets
Hoot roon aboot the hoose?
There's hungert Horace Hoolet
On the look-oot for a moose

There is genteel Harry Hoolet
Suppin denner wi a speen,
There's the scunner, Hackit Hoolet
Wi his oxters bowfin green.

There is sleekit Hamish Hoolet
Wi a doocot for a nest.
There is a sleystery Hetty Hoolet
Wi her puddin doon her vest.

There is Hooligan the Hoolet
Lookin for some glaiss tae smash
(Flew intae a double decker
Heelstergowdie. Fit a crash!)

There is Skinnymalinkie Hanna,
Fatty Hetty big an broon.
There's a hoolet caaed Horatio
Fa aye sleeps upside doon.

Foo mony hoolets
Hoot roon aboot the hoose?
As mony as the bubbles
In a tin o orange juice!

Sheena Blackhall

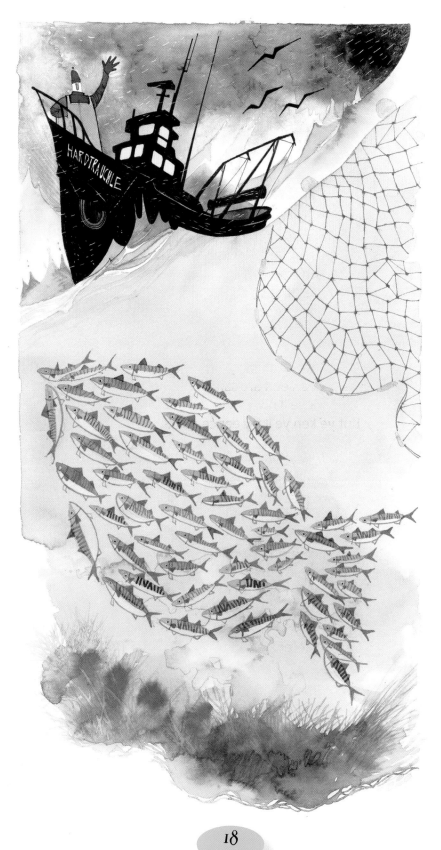

Winter Fishin

Ye've shot yer nets an taen a catch
Eneuch tae get ye hame.
Ye've battled gales an grey-green seas
Ilk winter trip's the same.

Ye're battered by the roarin win
An waves that pitch ye roon;
Ye're feart, for frozen lumps o ice
Can drive a wee boat doon.

The saut-sea chaas yer every hack;
Yer skin an een are sair.
Ye sweir ye'll nivver dae't again
But ye ken ye'll try eence mair.

An eence ye've turnt the ship for hame,
Back tae yer ain fireside
Yer een pick oot the Torry licht
Far wife an faimilie bide

An syne ye steer ayont Pint Law,
The shippie hurries ben,
The mairket's aye in need o fish
An ye ken ye'll sail again.

Les Wheeler

Heather The Weather

At sax o'clock the news comes on
Depressin' aa the nation,
Wi tragedies an floods an crime,
A total scunneration.

'N' syne presenters prophesy
The weather that's afore us.
'N' ten t' one that's fin we hear
Low pressure's sittin' o'er us.

Bit fin the forecast's dull an dreich,
The ootlook filthy weather,
There's neen I'd raither hear it fae
Than bonnie smilin Heather.

Jim Bremner

Gurden Herber

Fin I wis a lassie in Gurden
It wis doon at the herber we'd be,
The hale lang, glorious simmer,
Watchin boats comin in fae the sea.

Harvester, Reaper and Happy Return,
Star o' Bethlehem, Quest an aa
Bit the best o them aa wis the Trustful,
My father, the Skipper sae braw.

Past the auld, curvin horse-shoe braakwater
Syne landin their fish on the pier;
Then salesman and merchants cam clusterin roon
At the fish market, makin a steer.

Yalla ileskins, blue een and a smile,
My father wis in fae the sea.
The partans an labsters were landit
Wi maybe a fry tae wir tea.

It wis gey cauld an dreich in the winter;
My mither wis baitin the line
Fin a gale drove the Trustful past Gurden
And she thocht that my father she'd tine.

Soakin weet, they had made the next herber,
Then hame, safe an soun till his bed.
Eneuch o thae coorse, drublie winters,
Bring back glorious simmers instead.

Celia Craig

The Check-oot Quine's Lament

Tatties, neeps, an ingin,
Poother for the wash,
Wullie's needin new sheen,
Grip, skyte, flash.

Sweeties, ale, some flooer,
A tinnie wi a bash,
I'm wirkin like a robot,
Grip, skyte, flash.

Safties, glaisses, bacon,
Inetment for a rash,
Ma hoose is like a midden,
Grip, skyte, flash.

Mealie jimmies, ganzie,
Cheque, or card, or cash,
Ma dowp is dottled sittin,
Grip, skyte, flash.

A trolly like Ben Nevis!
Michty, fit a fash!
I'm scunnert an I'm foonert.
Grip, skyte, flash.

Noo ma shift is endin,
Beans an orange squaash.
Hame tae dee the hoosewirk
Up, oot, dash!

Sheena Blackhall

23

The Dream Machine

I'm a fitba player an ayewis on the go.
The hale league ken aboot me - a midfield dynamo.
I mak a crunchin tackle an win the ba again,
He micht hae hacked me on the shin, but I ignore the pain.

I dip an dart an jink an jook, first tae left then richt,
Syne rin past the defenders, jist like the speed o licht,
A shimmy an a shammy, the goalie he'll regret
The time he saved a shot fae me, sae I slam it in the net.

The ba it braks tae me again, I steady it an pass.
It reaches oor left winger as it glides alang the grass;
He races aff alang the wing, a cross is fit we need.
He knocks the ba across the box, I meet it wi my heid.

The keeper is left stranded: my heider flashes past,
Anither gowden goal for me - it winna be my last!
For eence ye've scored a couple, that's nae eneuch, ye see,
A hat trick is fit's needit, sae roon the field I flee.

Oor goalie gaithers up the ba an rolls it oot tae me,
I set aff doon the middle - they'll seen see fit I can dae.
I stroll richt past the midfield like a spectre o the nicht,
The defenders are left strandit as I move oot tae the richt,
I cheenge direction tae the left - a roar fae aa the fans!
I hit the ba - it rockets past the keeper's graspin hauns!

Fa div I think I'm kiddin, staunin in the win an rain,
I'm stuck here on the touchline, a substitute again!
Foo is it that this happens? The reason is, it seems,
That gypit P.E. teacher disna ken aboot my dreams!

Les Wheeler

Muckle Fattie Dumplin

Muckle fattie dumplin, oor loon Jock,
Gaed till his bed in his breeks, sweer stock.
Ae beet aff, bit the tidder still on
A muckle creashie pudden wis oor Jockie-John.

Charles Birnie

Pearls Tae The Grumphies

By Bogendreip oor Jack did fin
A tint'd fairy quine;
He helped her hame and in return
She gaed three wishes fine!

Fair kittelt up, he telt his wife:
"My first wish," he did speir,
"A puckle o sausages, fried an broon!"
An strachtwye they appeared!

"Ye gype! Fit a waste!
I wish them on yer heid!"
An noo the het, het denner
Dangl't fae his neb sae reid!

"Ow! Ow!" he cried, "I wish them aff!"
An WHOOSH! they were awa
An Jack at his guidwife did glare…
NAE WISHES LEFT AVA!

Grace Banks

The Chase

The Heilanman run throu the heather
An intae the widdie, rale fast.
The Reidcoats wir nae far ahin him,
Wi their muskets aa ready tae blast.

Supposed tae be roundin up Jacobites,
They'd catch him nae trouble at aa.
He wis easy tae spot throu the branches,
Wi his reed hair gaen' him awa'.

Syne he cam tae the rocks by the river,
Lookit doon at the torrent ablow,
Then o'er the wide gulf tae the ither side -
The Reidcoats, weel, they hid him now!

Bit he gaither't his smeddum aboot him,
Syne loupit the space like a deer,
An so he won o'er tae the ither side,
Kennin naebody wid follow - nae fear!

An the bold hero's jump's nae forgotten,
For a statue remembers his ploy,
An the day that the heilanman jinkit awa' -
The MacGreegor they kent as Rob Roy.

Martha Bottrell

Far's Yer Dolphins Noo?

Portnockie in a March gale.
A'd been telt aboot the dolphins
In the North Sea.
Fine sicht, abody said,
Sweemin an divin an birlin
Tapsalteerie jist yards affae the coast.

Sae A'm oot there,
Peerin throu a muckle haar,
Happit tae the gunnels in ganzie
An bunnet, ma neb growin reid raw,
Fingers buncht intae mittens yon size.

Nocht a puckle keek o a dolphin,
Bit ma een still mesmerised
B' the watters, tossin an flingin
Thir fite cuddies as faur an heich
As ma Spring hairt wis
Speirin fir warmth.

Liz Niven

A Young Quinie Caad Helen

A handless young quinie caad Helen
She drappit a newly bocht melon -
She wis fu o'dismay
Fin it rowed doon a brae -
Noo they're chasin a melon in Ellon!

Ali Christie

30

Country Squeel Days

"Get up at eence", ma midder cried,
"It's time tae ging tae squeel;
If ye're late ye'll get a clappet lug
An the tag richt hard as weel".
Sums and spellins ilkie day
Till time tae get back hame;
We'll cross aul Geordie's park o neeps
An brak een on a stane.
We hiv oor chums fae doon the lane
Tae play wi us as weel,
It's "Clapped Heidies", "Kick The Can",
Wi nae thocht o the squeel,
Till midder shouts "It's time for bed:
Ye ken the hens hiv nae been fed".

Winnie Brown

Wulliwumps

I'm sure ye've aa hin affa days
Fan aathing's upside doon;
Ye get in sic a muddle
That yer heid gyangs roon an roon!

Ye're left tae wait ootside a door
Fan fowk say they'll nae be lang;
Ye spend aa mornin on a sum -
The teacher says it's wrang!

Ye drap yer favourite sweetie
An it rolls amang the styoo;
Ye loss yer denner money
Sae yer last een in the queue.

But dinna gyang an blame yersel
Nor ithers for yer state -
A magic mannie his the job
O sortin oot yer fate.

It's Wulliwumps the Wizard
Fa's the problem, hae nae doot.
His mind's in sic a muddle
That his tricks gyang up the spoot

He gets aathin in a ravel,
For he's nae jist affa bricht,
An we're the eens tae suffer
Fan he disna dae it richt

Sae hauf wye throu yer picnic
Fan it comes on tae rain,
Jist lauch an say, "That's Wulliwumps!
He's deen it wrang again!"

Les Wheeler

Sheepie, Sheepie, Black Face

Sheepie sheepie black face,
Fit like oo?
Nae that ull sir, three pyocks fu:
Een for the wifie
An een for the boss
An een for the orra loon
That sleeps abeen the closs.

Charles Birnie

Healthy Lifestyle

Fin I sit doon tae hae ma maet
Ye've nae idea fit I get:
It's dinna ett this, ye canna hae that
Cos it's aa the things that mak ye fat.

Margarine's aa richt, but butter's wrang,
Noo I've decided tae ging on tae jam;
They're nae affa pleased an said I maun try
Tae hae a bit loaf but jist tak it dry.

I thocht eggs wir healthy, I ett twa or three
Gweed gracious b'here! Fit a tae dee!
They shoudna be fried, only be bilt,
I'm affa fed up - anither meal spilt.

Cook yer chicken, bit tak aff the skin,
Or there's nae hope ye'll ivver be thin;
Nae sausages, bit bubblyjock's fine
Jist think aboot Christmas the next time ye dine.

It's nae aa aboot food, it's aboot rinnin aroon
It helps fit yiv ettin jist ti slide doon:
Ye can ging for a wak or get on yer bike,
Ging rinnin or sweemin - fitivver ye like.

Margaret Boyd

Mim Missey Muff

Mim Missey Muff
Gaed ben tae MacDuff
For rennet tae mak croods an whey;
Bit aa throu her yirnin
A spider gaed kirnin
An fair speylt the lassockie's day.

Charles Birnie

The Aul Kirk O' Kinneff

It's a simple wee kirk
That lang syne, on a caul mirk
March nicht wis a sicht
For sair een. If ye daur
Tak a keek, wis it ghaisties
Or ghouls in thon flickerin licht?
Foo mony? Fit wye wir they there?

Twa weemin in cloaks
Wi bundles forby, a lang chiel
Wi a spad - or wis it the diel?

The win hid deid doon,
The licht gied a richt
Gowden glow, fan the soun
Could be heard, a spad struck
On hard stane, something stuck
Doon in a hole…The Croon
Sceptre an Sword o fair Scotland,
Oor land, that nicht had been saved
By that three, a gallant wee band.

Alice M Elder

The Aul Wifie Fa Bade In A Beet

There wis an aul wifie
Fa bade in a beet
Her smarrich o bairns
Made the peer craitur greet.
They widna tak milk
They widna tak breid
Sae she gied them a skelp
On their luggies instied

Charles Birnie

'Hoosie' - I' Hoosin Scheme Cat

Ae caul, dreich day, jist picter i' scene
'Is tom cat turns up in oor hoosin scheme.

He wis loupin wi flechs, lang n' thin as a rat
A bit o a ming'r wis 'is ging'r cat.

N' syne he grat sair, ootside ivvery hoose,
Cheils wid be sweirt tae tak 'im in, A'd jalouse.

Then oot creepit Gengis, scunner't tae see
'Is vratch o a craitur in his terra-tree,

An orra, big brute, wi muckle great fangs;
"Hi min" he snarled, "Far d'ye think you'r gaun?"

Bit oor ging'r tom sez, as douce as c'n be:
"Dinna fash yersel pal, cis yer nae match fir me"

Weel, Gengis sa' reed at 'is in-dig-ni-ty,
He skelpit tom's heid n'he took oot an ee!

Then flatten'd 'im oot like a fool, stripey rug,
Jump't on his heid n' ripp'd aff his lug!

I' scrappin wis fearsum, tom winnin i' fecht
O Gengis, they said, thir wisna much left!

Noo iv'ry hoose feeds 'im - he kens far it's at
'At's fit wye he's caad 'Hoosie', i' hoosin scheme cat!

Morag Skene

A Mannie Fa Cam Fae The Neuk

A mannie fa cam fae The Neuk,
On his bum hid a troublesome plook;
Bit the answer he socht,
Wis the Dyson he bocht.
For he'd heard o its poo'erfu' sook!!

Jim Bremner

Frankenstein's Lullaby

I pu ma duvet roon ma neb,
Ma chin, kyte, hurdies, happin,
In case the croc aneth the bed,
Sud slidder oot an bite ma Ted,
Wi nesty teeth snip aff ma taes,
(I'm sure he hisna ett for days)
I hear his gnashers snappin!

I draa ma duvet ower ma snoot,
For at the windae, glowerin,
A bogle staans in ghaistie cloots,
As fae a tree a hoolet hoots.
Coont Dracula wi dreepin fangs,
Flees by, wi bats an vampire gangs
File in ma bed I'm cooerin.

I pu ma pilla ower ma lug,
For doon the stairs I'm hearin,
The knap an knell, the chooch an chug,
As Frankenstein gaes ower the rug,
Wi chynes that mak an eildrich din,
He's waltzin wi a skeleton
Tae frichten me fae sleepin!

Sheena Blackhall

Ellen's Spellin

Ellen's spellin's unco queer,
She his ae wye o spellin 'heer'
An twa-three wyes o spellin 'gear',
An neen o them's the richt wye.

Ryan can be very tryin
When he's spellin wirds like 'dyin';
Should he keep the 'e' or 'i' in?
An neither een's the richt wye.

Penny's sair perplexed b''people'
Surely it is sib tae 'steeple'?
An its rael close kin tae 'beetle'
Twa 'e's maun be the richt wye.

Tam is terrible taxed b''tourist',
Twa 'o's in there is surely surest
Because it rhymes wi soorest, doorest,
It's bound tae be the richt wye.

Bit Ellen's spellin's affa coorse -
Fit like is yours?

Phyllis Goodall

44

A Sailor Caad Danny

There eence wis a sailor caad Danny,
Fas skill at the helm wis uncanny;
Wi his captain in fear.
He approached the Broch Pier,
So the mannie said, "Danny, ca canny!"

Jim Bremner

Stotfield Disaster 1806

In Stotfield's little fishin toon, the locals gied nae thocht,
Tae Napoleon's warrin armies, as they for empires focht,
That CHRISTMAS Day in achteen sax, they turnt ower in their min's
Thir boats, thir wives an bairnies braw, thir baitet hukes an lines.

Lang lang afore the sin reeze up, abeen the Cullen Bin,
Thir wither ee' hid gar them think, thir wis nae fear o win,
So oot they gaed, fresh fish tae catch, a puckle mile fae lan',
Alas as they set sail for hame, dour fate sine taen a han'.

Oot fae the soo'wast cam a clood, black as a mad wolf's throat,
Nursin within its verra breest, the loss o ilkie boat',
The tempest's fury thrashed the Firth, combined wi rain an sleet,
As storm-tossed gows, thir requiem skirled, abeen the sinkin fleet.

Brave crew-men wid be seen nae mair, as each boat sank fae view,
'Thir's sorra on the sea', for sure, an that day proved it true,
That CHRISTMAS Day wid prove tae aa, that man his little po'er,
His skill an strength are jist nae match, in sic a solemn 'oor.

Aye, saiventeen weedas an thir bairns, thir anxious vigil kept,
As langin ee'n surveyed the Firth, the caul, roch win hid swept',
Bit Stotfield's strength wis lost that day, breedwinners een an aa,
For cruel Nature's angry froon 'jist taen them aa awa'.

Charles Geddes

The Fechtin Scot

Harry the Horrible Heilander
Wis attackin Reidcoats wi a will,
He wis breengin aboot wi his claymore
As he lookit for some mair tae kill.

He wis roarin awa roon a rodden -
It's wi practice a clansman succeeds -
He was gweed at the slicin an stabbin,
An brilliant at hackin aff heids!

But his wife, syne, cam oot tae the gairden,
"Will ye stop it! Ye look a richt feel.
Ma Mither wis richt fan she warned me
She aye said that you wirna real.

Pit the handle back intae that brush, noo,
That's a richt sicht oor neebors hiv seen;
An fan oot o the hoose in the future,
Mak sure that yer apron is clean!

I'm awa doon tae Tesco for tatties,
Sae be certain afore I get back
Ye've gaed a gweed dicht tae the windaes
An taen oot the dog for a wak.

Noo dinna jist staun daein nithin!"
She warned wi a threatenin sigh;
"Fan ye've hoovert the lounge, jist remember
Ye still hiv the dishes tae dry!"

Tak tent aa you loons that are listenin,
Be ye Scottish or Pictish or Celt;
It winna be lang till yer married,
An like Harry, ye'll dae as yer tellt!

Les Wheeler

The Dinosaur

A dinosaur! A dinosaur!
We niver saw the like afore!
The beastie maks the bairnies roar
Fae Sumburgh tae Singapore!

A dinosaur! His muckle moo
Has teeth as lang as knives,
An fin he roars, the tabby
Losses aa its seeven lives!

A dinosaur! His ilkie snore
Caas continents ajee.
An fin he piddles lochs arise
As braid's the Irish sea.

A dinosaur! Fit dis he ett?
A herd o coos for tea!
He sweels it doon wi a lagoon
O vats o barley bree.

A dinosaur! His heid's amang
The aeroplanes an stars.
His legs are pylons, tail's as lang's
A traffic jam o cars.

A dinosaur's a fearsome breet
Fin he lies doon tae claw,
Bit fin he dunces, hae a care
Skyscrapers stert tae faa!

Sheena Blackhall

Wee Jaikie Peerie

Wee Jaikie Peerie
Sat on a cheerie
Howkin oot plooms fae a flan.
He lickit his fingers,
An said "They're humdingers -
Fit a smairt little birkie I am!"
Charles Birnie

Dod's Beans

Dod funcied beans fur supper as he campit up Bennachie,
But the problem wis he'd forgot tae bring a tin opener, ye see.
"Foo will I open it? I ken, I'll jist let it drap,"
Said Dod, as he set aff tae clim up Mither Tap.
But drappin didna open it, nor did bashin it wi steens,
An mallet an chisel still didna open up the tin o beans.
He kickit it, he hemmert it, squeezed wi aa his might,
He even phoned a freen tae come wi some dynamite.
He near callt oot the army tae blaw't up wi a grenade,
But instead got oot the cooncil an the fire brigade.
They tried hydraulic cutters an a big pneumatic drill,
But for aa they banged an clattered, it widna open still.
Jist then Dod's wife appeared an said "Fit a feel man,
Imagine you nae kennin foo tae open a ring pull can!"

Brian Whyte

Lang John Siller

I'm a muckle fearsome Pirate
Wi a beard like a hairy dug,
A bunnet wi twa fite crossed beens
An a gold ring in ma lug.

Ma verra name is jist eneuch
Tae gaur men shak wi fricht,
They hide their wives an bairnies
Fin I hove intae sicht.

Bit, ma pirate days are numbered,
As the jiner can confirm:
He's diagnosed ma widden leg
Has Terminal Widworm!

Helen Harrower

The Wolf

Ken 'is! In beuks an stories
The wolf's aye a coorse aul vratch,
Hingin roon the wids an yards
Tae see fit he can catch.

Bit fit wey wid I be sickin
Tae ate a pig fae a clorty pen?
Or a grissly teuch aul wifie
Or a scraggy, feathery hen?

I only gaed tae chap the door
Tae speir fit help they nott;
The neist I'm trysted doon the lum
Intill a muckle bilin pot!

An yon reid hoodie lassie!
Weel, she could've gaen's a scone
Bit na, a mannie wi a great big exe
Wis fit I got for yon!

So fin ye hear a story
Faur the wolf ends in a mess,
It's nae oor wyte, it's jist that wolves
Aye get a real Bad Press!

Helen Harrower

The Boodie
An The Craa

Fin eence a tattie boodie
Socht tae fricht a hoodie-craa,
Maister Craa jist made a feel o him;
He wisna feart avaa.
Na, na, na!

"Yir duds", he said, "may flaffer,
Fin the win begins tae blaa;
But a fairmer made a strae
Wad be the first I iver saa.
Caa, caa, caa!

Yir fun'ral haat is foostie;
Thon aal cuttie disna draa;
Wi a shank that's aff the besom,
Gin ye seek tae rin, ye'll faa.
Caa, caa, caa!

Ye'd maybe fricht a teuchat;
But ye canna fleg a craa;
For ye're naething but a boodie;
I've seen better eens an aa,
Caa, caa, caa!

Douglas Kynoch

Doctor Fa

Doctor Fa keeked ower the wa
Far his Tardis had bin parket,
He's aften been in Aiberdeen
In time for Timmer Market.

He dauners up the Castlegate
Tae see his uncle Alec,
He buys a pluffer and some peys
In case he meets a Dalek.

The Daleks in the Castlegate
Are easy oasy chiels,
The eens in Upperkirkgate
Are contermashios deils.

They rise up ilkie mornin,
Ye canna ca them blate;
They ging dirlin ower the cassies
And shout "Exterminate!"

Eric White

55

Life's Little
Ups An Doons

Gordon MacGordon, a fine kind o lad
Wis a rare sort o fella an nae aa that bad;
But he had a problem, this likeable loon -
Faniver he sneezed his troosers fell doon!

Fan oot in the playgrun the quines wir the worst,
They'd throw dust at Gordon an wait till he burst
Wi a muckle 'Aatishoo!' syne look wi a leer
As peer Gordon's troosers drapt doon tae the fleer.

Tae them it wis a' jist a bit o a lark
As they aa stood an lauched at the tail o his sark.
His faimily, affrontit, didna aften gyang oot
They wir feart he'd develop a bubbly snoot.

It wis better, they thocht, tae bide oot o the kirk,
An at School he wis gettin 'behind' in his work!
His Mither socht help fae the doctor aa richt,
But he could dae nithin, jist try as he micht

56

Aatishoo!

They syne tried a teacher, the Heidie, the Jannie,
They even brocht in a psychiatrist mannie.
He hrumphed an he havered an scrattit his heid,
An syne he declared that this was, "Indeed,

The most curious case I have had, I suppose,
The cure it is obvious: he must stop wearing clothes!"
"That's it," Gordon said, "this is really the limit."
As he pulled up his troosers an tucked in his simmit.

But his problem wis solved by his Grunny, ye see.
"Remember my lad that ye're Scottish, like me.
Think aboot that an ye'll suffer nae mair."
An Grunny wis richt, Gordon hasna a care.

He can sneeze awa noo withoot fear or guilt -
For fan Gordon gaes oot, he gaes oot in his kilt!

Les Wheeler

Fechtin

I dinna like you onymair, ye're jist a freak.
Well that's ok, cause ye're ugly and ye've got a muckle beak.
Aye, but ye're fat and ye've got a face full o plooks.
Oh you think you're so cool, it jist sooks.

Well, ye jist throw yersel' at aa the loons, ye flirt.
I dinna dae at, at's just a load o dirt.
No it's nae, ye're nithing bit a tart.
Oh aye, look at you, ye needna start!

Say fit ye like, bit there's nithin wrang wi me.
Take a look at yersel, yer skirt's sax inch abeen yer knee.
Ye're a fine een tae speak, the wye ye strut and wiggle yer bum.
At's it, a'm gan hame…………………de ye want tae come?

He wis a bit o a geek really, fit wye did we fa oot?
Aye, he wis jist a loser, his loss withoot a doot.
I didna mean aa the stuff I said, we'll seen fin somebody better:
Course we will: Nae bother at aa! Come on……he disna matter.

Natalie Chalmers

58

Green Ladies

Towrists fae China, Toronto, Peru,
Growe fite as a gull wi a dose o the flu
Fin veesitin castles like Crathes or Fyvie
Fin green ladies step fae the turrets o ivy.

They float ower the fleers wi a toss o their hair,
They wheech ower the landins, they skyte up the stair
An fin starnies glent on the stanes in the kirk
Green ladies are seen tae stravaig ben the mirk.

Neist time yer admirin the cannon an flooers,
If ye feel a wee breeze on historical tours,
It's nae jist a draught, or a drap in the heatin,
Green ladies roon statues an pictures are teetin.

Sheena Blackhall

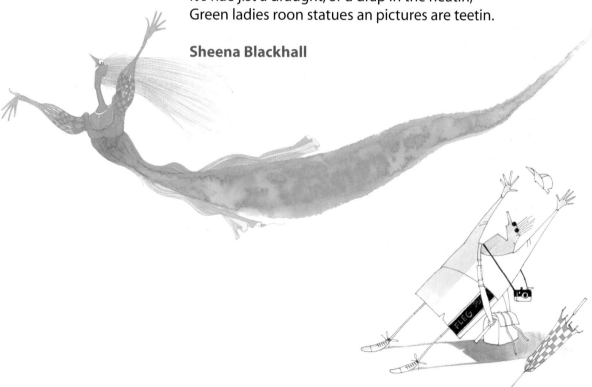

The Weddin

I went till a weddin in oor toon,
It wis an awfy gran affair;
The reception wis at the cemetery
So the relations cwid aa be there!

The skeletons aa started duncin
T'the fossil tunes o the North.
Clickety Cane wis the bridegroom's name.
Dracu-Ella wis his bride o worth!

Amang the guests wis a giant,
His face wis a ghostly sicht.
His heid wis shewn on till his shuithers.
He cwidna lie doon throu the nicht.

The meal wis really exciting:
I'd niver tried werewolf stew!
The Transilvanians cam ower tae serve us,
I turned intil a vampire an flew!

Laura Owen

Grannie's Loon

There's a gey wheen fowk in the toon the nicht,
The traffic's thick as weel.
A doot the'yre hopin tae catch a sicht
O ma sojer grandson, Beel.

Fit wye they ken a canna tell,
Tho' prood, a widna boast.
A nivver said dab except tae Nell
An Maggie, an Jeemie the Post.

He's comin hame on leave, ye ken,
His first since jinin up.
Aye, best recruit 'mangst a' the men,
An won the shottin cup.

He's nae expectin the hale o the toon,
He's only expectin me.
It's a gran' surprise tae gie the loon,
Oor Beel - Celebrity!

Fit did ye say? The bingo's on?
The jackpot's comin till a heicht?
The' needna fash, there'll be naebody there,
Oor Beel's comin hame the nicht!

Rose Chester

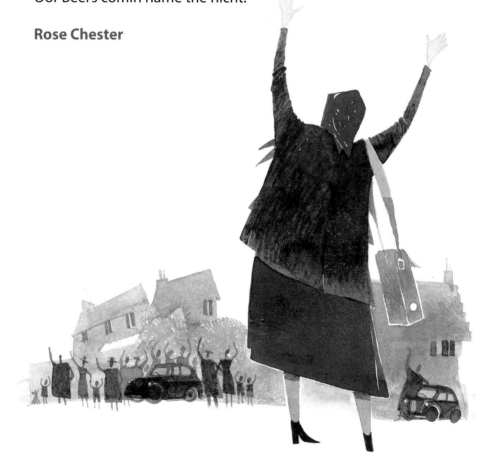

Shooer

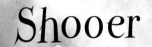

Hale watter runklin doon the lane,
Stair roddies stottin aff the tar,
Branders hotterin, bubblin foo,
An ma soakit feet rinnin, rinnin tae get hame.

The roadie's dryin, risin steam.
Blin storm gies wye tae a singin singin sky.
A splashin splooterin draas ma een -
Starlins haein a dook in a reemin watter spoot.

Grainne Smith